Mariano José de Larra

Un desafío

Barcelona **2024**
Linkgua-ediciones.com

Créditos

Título original: Un desafío.

© 2024, Red ediciones S.L.

e-mail: info@Linkgua-ediciones.com

Diseño de cubierta: Michel Mallard.

ISBN tapa dura: 978-84-1126-024-4.
ISBN rústica: 978-84-9816-357-5.
ISBN ebook: 978-84-9953-478-7.

Sumario

Brevísima presentación

La vida

Mariano José de Larra (Madrid, 1809-Madrid, 1837), España.

Hijo de un médico del ejército francés, en 1813 tuvo que huir con su familia a ese país tras la retirada de las fuerzas bonapartistas expulsadas de la península. Como dato sorprendente cabe decir que a su regreso a España apenas hablaba castellano. Estudió en el colegio de los escolapios de Madrid, después con los jesuitas y más tarde derecho en Valladolid. Siendo muy joven se enamoró de una amante de su padre y este incidente marcó su vida. En 1829 se casó con Josefa Wetoret, la unión resultó también un fracaso.

Las relaciones adúlteras que mantuvo con Dolores Armijo se reflejan en el drama *Macías* (1834) y en la novela histórica *El doncel de don Enrique el Doliente* (1834), inspiradas en la leyenda de un trovador medieval ejecutado por el marido de su amante. Trabajó, además, en los periódicos *El Español, El Redactor General y El Mundo* y se interesó por la política.

Aunque fue diputado, no ocupó su escaño debido a la disolución de las Cortes. Larra se suicidó el 13 de febrero de 1837, tras un encuentro con Dolores Armijo.

Personajes

Isabel Howard, viuda del lord tesorero conde de Salisbury
Enrique Sidney, conde de Warwick
Ricardo, duque de Besford
Roberto Overbury
Guillermo Dryden, favorito del lord canciller duque de Buckingham
Chester, señor inglés
Salford, id.
Burker, señor inglés
Williams, secretario del conde de Warwick
Un criado del duque de Besford
Otro criado
Un Ujier de la cámara del rey
Un Gentilhombre
Señores y damas de la corte
Criados del duque de Besford
Soldados arcabuceros

Acto I

El primer acto pasa en el palacio de Windsor, en Londres.

El teatro representa una sala de Windsor; puertas en el fondo; a la izquierda la cámara del rey, a la derecha la de la reina.

Escena I

Sidney, sentado, con un billete en la mano; Williams, en pie delante de él.

Williams	Se me ha respondido que el lord canciller sigue malo; sin embargo, no he podido verle.
Sidney	Bien está.
Williams	Tres días hace ya que no se ha presentado nadie de parte del rey a informarse de la salud del duque de Buckingham, y esta repentina indiferencia de Su Majestad ha chocado mucho en el palacio del lord canciller.
Sidney	¿Qué importa?
Williams	Como la última entrevista del rey y de su excelencia fue muy acalorada, hay quien empieza a temer su caída, y no falta quien la atribuye al conde de Warwick.
Sidney	¿A mí? Basta.
Williams	Para prevenir sin duda el golpe que le amaga, ha entrado el lord canciller en negociaciones con la reina.

Sidney	¿Con la reina?
Williams	Cuando yo entraba en el palacio de Buckingham salía de él su primera dama lady Isabel Howard, viuda del lord tesorero, conde de Salisbury.
Sidney	¿Lady Howard? ¿Es posible? Déjame.
Williams	¿El señor conde asistirá al baile de la reina?
Sidney	No sé: sí: no me esperes hasta muy tarde.

(Williams sale por el fondo.)

Escena II

Sydney	¡Isabel en el palacio del canciller! ¿Qué causa puede conducirla allí? ¿Y qué secreto puede tener que confiarme?

(Lee el billete que tiene en la mano.)

«No vayáis hoy a caza con el rey; antes de que vuelva Su Majestad vendré por la puerta secreta de la cámara de la reina.» Aun me parece que siento su mano trémula al deslizar este billete en la mía. ¡Mudar tan repentinamente Isabel, que por espacio de un año entero no ha correspondido a mi amor sino con una reserva, una seriedad calculada!... ¡Ah, acaso soy injusto con ella! ¿No he visto yo mismo, siempre que desechaba mis obsequios, agolparse las lágrimas a sus ojos? Sí, ¡me ama! Sin embargo, ningún favor suyo puede justificar en mí esta esperanza lisonjera. Pero el tiempo se pasa; el rey no puede tardar en volver. ¡Ella es!

Escena III

Sidney; la Duquesa, que entra por la puerta de la cámara de la reina, pálida y agitada.

Sidney   ¿Qué he hecho yo para merecer tanta dicha, miladi?

Duquesa   Escuchadme, Sidney. Sin duda la amistad que profe-
                  sáis a la reina, la que me profesáis a mí acaso, os ha
                  obligado a intentar una prodigiosa competencia con
                  Buckingham.

Sidney   Por vos, señora, ha sido, por vos sola. Sin vos, de
                  buena gana abandonaría este título de favorito a
                  cuantos le envidian. ¡Necios! Ignoran lo que es pasar
                  la vida entera entre la intriga y la vil adulación de los
                  cortesanos. ¡A eso llaman poder y felicidad! ¡Ah! Yo
                  no conozco otra felicidad que la de merecer vuestro
                  amor, ni otra ambición que la de agradaros.

Duquesa   ¡Sidney! ¿Y si viniera yo a implorar ese mismo poder
                  que tanto os pesa? ¿Si tuviera que pediros un favor?

Sidney   ¿A mí? ¡Oh! ¡No abuséis de mi credulidad!

Duquesa   Sí: vengo a implorar vuestra compasión. Sabed
                  que esta mañana el duque de Besford ha tenido la
                  desgracia de matar en duelo a sir Lexter, el sobrino
                  de Buckingham. Bien sabéis cuán terribles son
                  las leyes sobre los desafíos desde que se hicieron
                  tan comunes en el reinado de Isabel; y sabéis que

Buckingham es inexorable; vos lo podéis todo en el ánimo del rey; pedidle que se ahogue este asunto; pedidle prórrogas a lo menos para que Besford pueda huir y librarse de sus perseguidores; en fin, Sidney, ¡salvadle, salvadle!

Sidney

¿Es la reina, señora, quien toma un interés tan grande por el duque de Besford, o sois?... Perdonadme; pero esa turbación, ese dolor..., mis temores son injustos sin duda alguna.

Duquesa

Milord Sidney, vos poseéis mi amistad; pero mi corazón debe cerrarse para cualquier otro sentimiento: mi deber me lo prescribe.

Sidney

¿Vuestro deber? Sois viuda, y yo os creía dueña de vuestra mano. ¡Ah! No sois ingenua. Más hubiera valido confesarme que tenía un rival, y un rival preferido, que no fingir participar de unos sentimientos que no experimentáis.

Duquesa

¡Ah, conde, con cuánta dureza me echáis en cara el interés que os he manifestado! Ved aquí nuestra suerte, infelices mujeres; os apoderáis de una palabra, sorprendéis una mirada, dais tormento a nuestras ideas, interpretáis nuestros sentimientos, y después os creéis con derecho para reconvenirnos. Cuando estáis seguros de haber leído en nuestro corazón, cuando la menor conmoción nos vende, ¡oh!, entonces os lisonjeáis de haber conquistado una declaración, en la cual suele no haber tenido parte alguna nuestra voluntad, sin dárseos mucho de que pueda ofender nuestra buena fama, sin averiguar siquiera si nos hemos hecho semejante confesión a nosotros mismos.

Sidney	¿Consideráis como ultraje el ofrecimiento de mi mano?
Duquesa	¡Ah! Conde, ¿sabéis vos por ventura si la mía es libre?
Sidney	¿Qué decís?
Duquesa	¿Sabéis si acaso soy yo culpable dando oídos a vuestras galanterías? ¿Sabéis si tiene por ventura el duque de Besford un derecho a todos mis pensamientos?
Sidney	¿Derecho?... ¡Ah!, sí..., los juramentos que le habéis prestado...
Duquesa	Son sagrados, conde; es mi esposo. Dos años hace ya que estamos casados en secreto.
Sydney (Abrumado.)	¡Casada!
Duquesa	Después de la muerte de mi lord Salisbury, yo me negué al principio a contraer nuevos esponsales, pero mi familia lo exigió y fue preciso ceder. El duque de Besford ha ocultado hasta el día esta boda por temor del canciller, que quería a todo trance casarme con su sobrino, ese mismo sir Lexter que ha perecido esta mañana en ese funesto duelo a manos de mi esposo.
Sidney	¡Casada!

Duquesa	Ahora bien, conde, ¿os admiráis todavía de mi dolor? ¿Os negaréis a servirme?
Sidney	No, miladi, no. Una sola palabra ha destruido todas mis esperanzas; sin embargo, no temáis, yo sabré sofocar mi dolor dentro del pecho. Pero, ¿de qué manera puedo seros útil en este momento? Milord Ricardo, duque de Besford, acaba de ser arrestado.
Duquesa	¡Arrestado! ¡ah! El canciller me lo ha ocultado. Al rehusarme la gracia que le pedí, ya sabría que no se le podía escapar su víctima. ¡No hay esperanza ya! ¡Dios mío!
Sidney	¿No estoy yo aquí, miladi? ¿No habéis contado conmigo?

(Se oye una trompeta venatoria.)

El rey entra en palacio; voy a arrojarme a sus pies. Dios me dará fuerzas para ablandar su corazón. Pedirle la impunidad para el duque de Besford es lo mismo que pedirle la separación de Buckingham. Muchos lo han intentado que se creían como yo en vísperas de triunfar; todos lo han pagado con su cabeza. ¡Oh!, no: esto no me espanta; os he sacrificado mi tranquilidad y mi bienestar; también os sabré sacrificar mi vida. ¿Qué me importa? Adiós, miladi.

(Hace ademán de entrar en la cámara.)

Duquesa	Conde de Warwick, no os separéis de mí de esa manera; no me dejéis con la horrible idea de que yo puedo ser causa de vuestra perdición. Vuestras expresiones, vuestras miradas me agobian. ¿Qué queréis que os diga? Mi esposo es a quien pueden conducir a un cadalso; mi esposo: al pediros su perdón no hago sino cumplir con el más sagrado de todos los deberes.
Sidney	Sí, miladi. ¿Quién osaría reconveniros? Además, ¿no es él quien ha tenido la dicha de agradaros?
Duquesa	Sí, conde, sí.
Sidney	¿No es él que habéis preferido a los demás?
Duquesa	(Casi involuntariamente.) Vos no estabais entonces en la corte.
Sidney	¡Ah, miladi, cuánta falta me hacía oír esa expresión!
Duquesa	(Con viveza.) No he dicho nada que os autorice a pensar...
Sidney	¡Oh, tranquilizaos! Vuestras palabras quedan grabadas aquí, aquí, en mi corazón: nunca saldrán de aquí. Esperad en esta pieza. Adiós, miladi.

(Entra en la cámara del rey.)

Escena IV

La Duquesa	No he sabido guardar mi secreto, ¡desgraciada! ¿Me atreveré de aquí en adelante a ponerme en su pre-

sencia? ¡Ah! Su corazón es generoso, es noble, y no abusará de una confesión arrancada a mi flaqueza, y que jamás confirmaré con la menor lisonjera esperanza. Recibiré sus obsequios con más reserva y frialdad que nunca; huiré, si fuese preciso, de su presencia. ¡Infeliz! Morirá, morirá de pena. Me ama con toda su alma, y yo..., ¡ah!, ¡un amor como el suyo hubiera hecho la felicidad de toda mi vida!

(Escuchando junto a la cámara del rey.)

Nada oigo. ¿Triunfará? ¡Si su plan se malograse! Si se perdiera por mí... No sería la primera vez que Jacobo hubiese entregado a su canciller la cabeza de un favorito. ¡Ah!, yo hubiera debido no exponer a nadie; hubiera debido arrojarme yo misma a los pies del rey. ¡Dios mío! ¡Dios mío! Me ha parecido oír... no. ¡Y esa función, ese baile que debe tardar tan poco en empezar!

Escena V

La Duquesa; Dryden, Salford, que entran por el fondo.

Dryden (A Salford.)   Muy temprano llegamos, Salford. ¡Ah!, perdonad, hermosa lady, no os había visto. Estábamos muy lejos de creernos tan felices; pero supuesto que os hemos encontrado los primeros, podemos jactarnos con razón de ser los más felices de todos los gentlemens que han de asistir al baile de la reina.

Salford   Y eso que asistirá toda la nobleza de Inglaterra. Un baile en palacio es un acontecimiento, es casi un prodigio.

Duquesa	En efecto.
Dryden	Dicen que el rey asistirá en persona.
Duquesa	No sé si..., lo ha prometido.
Salford	Eso da cierto aire de alegría a esta pobre corte, tan triste desde que está al frente de los negocios el canciller.
Dryden	Era preciso que enfermase todo un canciller para que nos divirtiésemos.
Duquesa	(Nada oigo todavía, nada.)
Salford	Por San Jorge, creí que viniera el canciller a aguar nuestros placeres, porque acabo de ver entrar en la cámara del rey a un oficial de sus guardias. Debe traer algún mensaje de importancia.
Duquesa	(¡Cielos! ¡Todo se acabó!)
Salford	Felizmente nuestra presencia y esos preparativos nos tranquilizan.

(Se oye una campanilla tocada con violencia en la cámara del rey.)

Duquesa	Ha llamado.
Dryden	¿Parecéis estar indispuesta, miladi?
Salford	En efecto; no habíamos notado hasta ahora esa agitación.

Duquesa	No es nada; no es más que una ligera indisposición: el cansancio acaso producido por los preparativos de esta función. ¡Esta idea ha sido tan repentina! La reina no ha pensado más que en el placer del baile.
Dryden	Y ha descansado en vos acerca de la ejecución.
Duquesa	Cierto, cierto, eso ha sido; pero nada se olvidará, lo espero; desempeñaré mis funciones del mejor modo posible.

Escena VI

Dichos; un Ujier, saliendo de la cámara del rey.

Ujier	(Con una carta en la mano.) A miladi, condesa viuda de Salisbury, del rey.

(Entrega el pliego y sale.)

Duquesa	(Abriendo precipitadamente el pliego.) (¡El perdón! ¡Ah, Sidney!, todo os lo debo a vos.)
Dryden	(Bajo a Salford.) ¿Qué quiere decir eso?
(Alto.)	¿Cómo, miladi, os ausentáis en ese estado? Permitidme que llame a alguno.
Duquesa	No, no: es inútil; me siento del todo buena ahora; del todo, os lo aseguro. Dentro de poco nos veremos en el baile; espero pareceros allí más amable. Caballero Dryden, cuento con vos para el primer minué. Adiós, señores, adiós, hasta luego.

Escena VII

Dichos, menos La Duquesa.

Dryden   ¿Qué os parece esta repentina mudanza?

Salford   A fe mía, lo mismo que os parece a vos. Alguna intriga se trama contra el canciller, y este baile tan inesperado tiene todas las trazas de una celebración de su caída.

Dryden   Si llega a caer, no me costará trabajo adivinar quién cogerá las riendas del poder.

Salford   Mal trance sería ese para vos, a quien su excelencia acaba de nombrar capitán de sus guardias.

Escena VIII

Chester, Dryden, Salford, señores ingleses.

Chester   Buenos días, Dryden. ¿Qué se dice de nuevo en el palacio del canciller?

Dryden   Nada de particular. Vos que sois un esgrimidor, Chester, podíais instruirme en los pormenores del duelo de esta mañana entre el duque de Besford y sir Lexter. Según parece, la cosa se hizo en regla, y Lexter se ha hecho con una soberbia estocada. ¿Ha muerto?

Chester   Poco menos; y su médico se ha encargado de concluir con él.

Dryden	¿Y Burleig, su padrino, no le ha vengado? Es un excelente tirador.
Chester	Burleig se las había con otro más fuerte que él, con el joven jurisconsulto Roberto Overbury, que de un botonazo le ha dejado muerto en el sitio. El partido de Besford ha llevado lo mejor. Ha sido un triunfo completo.
Salford	¡El joven jurisconsulto Roberto Overbury! ¿Sabéis que es el diablo ese jurisconsulto? Apenas tiene bozo, y he aquí ya el tercer desafío que ha tenido en este mes.
Chester	¿Qué queréis? Es un segundón de una buena casa. Le han obligado mal su grado a vestir la toga a sus años, y él se bate hasta que se la desgarren. Ha aprendido leyes para poder infringirlas todas. Pero justamente aquí viene en persona.
Salford	¡Por San Jorge!, ha perdido el juicio. ¿A quién diablos le ocurre venir a Windsor por la noche después de haber ayudado a matar al sobrino del canciller por la mañana?

Escena IX

Chester; Overbury, con la toga; Dryden; Salford y algunos señores.

Overbury	(Entra cantando con alegría.) Buenos días, Chester. ¡Qué buen mozo estáis hoy! ¿Y tu querida? ¿Tiene valor esa ingrata de no rendir todavía el corazón a esos bigotes tan diestramente

rizados? ¡Diablo! si yo fuera mujer, no me resistiría dos minutos.

Dryden   (En voz baja.)
                Mira lo que haces, legista. Me parece que pudiera no sentarte bien el aire de Windsor hoy. Aguarda siquiera hasta que Lexter esté restablecido, o un palmo bajo tierra: de otra manera el canciller...

Overbury   Dejadme en paz con vuestro eterno canciller; el canciller si uno habla, el canciller si se bate; ¡diantre de canciller! A lo menos en su ausencia y entre amigos dejadme que me vengue un poco de su tiranía y su...

Escena X

Chester, Overbury; Burker, que entra por el foro; Dryden, Salford; otros señores; y después Sidney que sale de la cámara del rey.

Burker   ¡Gran noticia, señores!, noticia positiva que será confirmada mañana. Buckingham ha caído.

Todo   ¿Qué dices?

Overbury (Riendo.) No nos engañes; eso sería delicioso.

Dryden   He aquí a Sidney que sale de la cámara de Su Majestad. Él puede decirnos... ¿Qué crédito debemos dar a las voces que corren, conde? ¿Es cierto que ha sido depuesto el primer ministro?

Sidney   Así dicen; yo, sin embargo, no tengo más datos positivos que los demás.

(Se sienta en un sillón cercano a la cámara del rey.)

Chester   (Bajo a los otros.)
Hace el discreto: la caída es indudable.

Overbury   (Con el mayor atolondramiento.)
¡Gracias a Dios! Ya nos vemos libres de ese maldito canciller. Por todos estilos nos estaba haciendo mal tercio. Figuraos que hace ya algunos días que estaba en relaciones con la mujer más linda de Londres.

Chester   ¿Hablas sin duda de la joven Ana Arundel? Te engañas, Overbury; porque no ha querido admitir las veinte mil libras que el canciller le ha ofrecido por medio de...

Overbury   No es esa, no.

Burker   ¡Ah!, ya, la sobrina misma del canciller.

Overbury   Nada.

Dryden   (A media voz.)
Este maldito no respeta a nadie; apostaría yo a que habla de la misma...

Overbury   Menos; no das en ello.

Chester   Al fin daremos.

Burker   ¡Ah!, una del teatro.

Salford   ¿Pues quién es?

(Sidney se acerca con curiosidad.)

Dryden   Dejadle, por Dios; vais a ponerle en el caso de que
                        diga algún disparate; ya le falta poco para...

Overbury   ¿Quieres callarte, Dryden? Vas a hacernos sospe-
                        char que se trata de tu mujer.

Dryden   ¡Overbury!

(Chester le sosiega riéndose. Risa general.)

Overbury   (Todos le rodean.)
                        ¡Vaya! ¿me prometéis guardarme secreto?, porque
                        no quisiera comprometerla.

Chester   Sí. ¿Quién lo duda?

Overbury   ¡Pues bien! ¿Conocéis todos a la condesa viuda de
                        Salisbury?

Sydney   (Atraviesa rápidamente la escena y se dirige a
                        Overbury.)
                        ¿La condesa viuda de Salisbury? ¿Estáis seguro,
                        señor letrado?

(Todos se apartan.)

Overbury   Muy seriamente lo tomáis, señor conde. Sin embargo,
                        os puedo decir que hoy mismo la he visto entrar mis-
                        teriosamente en el palacio del canciller.

Sidney	¿Y no tenéis más pruebas que esa para minar de esa manera su reputación? ¿Sabéis por ventura la causa que podía obligarla a ver a Buckingham?
Overbury	No tengo el honor de estar tan al corriente de sus negocios como el señor conde.
Sidney	Sabed, pues, que iba a pedir una gracia para uno de sus parientes.
Overbury	Sí, y de una manera muy propia para conseguirlas, señor conde.

(Risa general.)

Sidney	¡Eso es ya demasiado! Puesto que aquí no hay nadie que se atreva a tomar la defensa de una mujer para vengar su reputación indignamente calumniada, yo seré, señor letrado, yo mismo quien os dirá en vuestra cara que mentís.
Overbury	A fe de caballero, señor conde, me daréis una satisfacción de este insulto.
Sidney	(Echando mano a la espada.) Ahora mismo.
Overbury	(Apoderándose de la de Burker, que está a su lado.) ¡Enhorabuena!
Chéster	(Pasando al lado de Sidney y apartando a todo el mundo.) A un lado, señores, a un lado. Que vean lo que hacen. ¡Sitio!

Dryden	(Arrojándose en medio.) ¿Qué hacéis aquí? ¿Dentro del palacio? ¿Casi en presencia del rey?
Varios señores	Deteneos.

(Los separan.)

Sidney	Bien, pero mañana en James Street a las seis.
Overbury	Donde gustéis, con tal que yo vea cruzadas nuestras espadas cinco minutos no más.
Sidney	Nos batiremos antes de salir el Sol, señor letrado, para que no se eche a perder vuestra tez.
Chester	(Bajo a Overbury.) Esto te enseñará a ser un tanto más circunspecto en tus habladurías. No sabe uno las más veces con quién habla.
Burker	(Bajo a Overbury.) Esto te corregirá.
Overbury (Ídem.)	¿Dos a la vez para enseñarme una virtud palaciega? Convenid conmigo en que esto ya es demasiado.

Escena XI

Dryden, Sidney, Besford, Chester, Overbury, Burker, Salford.
(Durante toda esta escena y hasta el fin del acto se llenan los salones de personas de todos sexos en traje de corte o enmascaradas. Algunas en sus trajes representan diosas del paganismo.)

Besford	(Entra por el foro.) Por fin os encuentro, conde.
Todo	¡Besford!
Overbury	¿Cómo diantres te has compuesto para salir de tu cárcel?
Besford	Preguntádselo a mi libertador el conde de Warwick, que ha conseguido mi perdón. ¡Qué agradable sorpresa me habéis causado! En menos de una hora paso de un calabozo lóbrego y triste a una brillante función. No creía salir de él para ir a un baile; podéis contar con mi agradecimiento a todo trance; mi vida es vuestra; solo temo no poderos pagar jamás lo que os debo.

(Salford sale por el foro.)

Dryden	Vamos, milores; las salas de Windsor se llenan de gente; tendremos comparsas preciosas: la reina y un gran número de señoras han adoptado trajes de las diosas de la mitología; el baile presentará una perspectiva encantadora.
Sidney (Solo.)	¿Podía yo permitir que la ultrajasen? No; era un deber mío defenderla. El letrado Overbury pagará bien caras sus calumnias.
Besford	(Que ha estado hablando con un grupo, dirigiéndose vivamente a Sidney.) ¡Por San Jorge! ¿Qué acabo de saber, amigo mío?

	¿Os batís mañana con Overbury? ¡Ah!, me tendré por dichoso si llego a tiempo para serviros de segundo.
Sidney	Gracias, señor duque, gracias; Chester vendrá conmigo.
Besford	Necesitáis dos y no os ha de sobrar nada. Overbury es el rey de los esgrimidores; su osadía y su fortuna le han hecho célebre.
Sidney	No importa. El cielo se pondrá de mi parte.
Besford	Perdonad; no podéis sin ofenderme rehusar mis servicios; os debo la vida. ¿No he recurrido yo también a vos? Sé la deuda que he contraído; permitidme que empiece a pagárosla. Overbury, mañana voy con el conde de Warwick.
Overbury	Como gustes, Besford. Ya sabes cómo te he servido esta mañana: sin duda te has cansado de vencer.

(Habla con Burker y otro señor.)

Besford	Eso es lo que hemos de ver mañana, señor jurisconsulto. Chester, contadme la ocasión de este desafío.

(Se oye no muy cerca la música de los salones, que no cesa de tocar hasta el fin del acto.)

Escena XII

Dryden, Sidney, La Duquesa, Besford, Chester, Overbury, Burker.

Duquesa	(Entra por el foro.)

¿Qué hacéis?, milores, ya ha empezado el baile. ¿Es posible, Dryden, que tenga yo que venir a buscaros?

Sidney
(Bajo a la Duquesa.)
¿Os he cumplido mi palabra, miladi?

Escena XIII

Sidney, Dryden, la Duquesa, Salford, Besford, Chester, Overbury, Burker.

Salford
Burker tenía razón, milores. La caída del lord canciller ya no es un misterio; la reina acaba de anunciarlo en alta voz.

Un grupo de cortesanos
¡Viva el rey!

Dryden
¡Adiós mi capitanía!

Besford
Por Dios, que estoy en el día más feliz de mi vida, supuesto que ya nos vemos libres de ese maldito Buckingham; permitid, milores, que os presente a la duquesa de Besford.

(Movimiento de sorpresa.)

Overbury
¿Qué dices?, ¿tu mujer?

Besford
Hace dos años, Overbury; esto es lo que tú no habías adivinado.

Overbury
(A Chester
y a los demás.)
En verdad que no; te felicito sinceramente.

Ahora tiene esto más gracia.

Besford	(Acercándose a Sidney.)
	Mañana, ¿a qué hora?
Sidney	Pero..., permitidme, Besford, que no os exponga a...
Besford	¡Silencio!, mi mujer nos escucha; está loca por mí, y si llegase a sospechar la menor...
Chester	(Bajo a Overbury y a los demás.)
	¡Y yo que iba a contarle al marido la causa del desafío! Está visto que aquí no se puede hablar sin hacer un disparate.

Escena XIV

Dichos; un gentilhombre, saliendo de la cámara del rey.

Gentil	El rey llama a su gran canciller y primer ministro el señor conde de Warwick.

(Sorpresa y silencio general.)

Dryden (A Salford.)	Nos equivocamos en todos nuestros cálculos. ¿Quién hubiera dicho que Sidney?...
(Alto.)	Milord, os felicito cordialmente al ver recompensado vuestro mérito.

(Todos se inclinan. Besford y Chester aprietan amistosamente la mano de Sidney; los demás le rodean felicitándole.)

Overbury	(Con desenfado.)

¡Por San Jorge!, mañana sabremos si un trozo de pergamino y el título de excelencia bastan a desviar la punta de una espada.

Sidney
(A Overbury, a quien no ha perdido de vista.)
Mi nueva posición en nada altera nuestros asuntos; y como os veríais obligado a salir de Inglaterra en el caso de que la suerte os fuese propicia, os enviaré esta noche un salvoconducto.

Overbury
(Saludándole.)
Viva vuestra excelencia persuadido de que haré cuanto de mí dependa para poder aprovecharme de él.

(Se oye más fuerte la música, Sidney se detiene un instante a la entrada de la cámara del rey para echar una ojeada a Overbury y a la Duquesa. Todos hacen ademán de salir hacia los salones del baile. Cae el telón.)

Acto II

El teatro representa una sala de casa de Sidney; a la izquierda una puerta que conduce a un gabinete armería, en cuya entrada se ven trofeos. En el fondo una péndola gótica; a la izquierda una ventana ancha que permite ver la fachada del palacio de Windsor iluminada; a la derecha una puerta que conduce afuera.

Escena I

Williams, en el fondo; Sidney, ocupado en escribir; sobre la mesa hay dos bujías encendidas. El reloj da las cinco.

Sidney   ¡Las cinco! Ya empieza a amanecer.

(Saca una caja del pecho, besa repetidas veces lo que contiene y la ata a una carta que acaba de cerrar.)

                          ¡Williams!

Williams   ¿Señor?

Sidney   (Señalando una carta que coge de sobre la mesa.)
                          Esta carta es para mi madre.

(Señalando el paquete.)

                          Esto para una persona cuyo nombre no pronunciarás jamás, para la duquesa de Besford. Aquí lo dejo todo.

(Abre un cajón en la pared a la izquierda del espectador.)

                          Me llevo la llave. Si no vuelvo esta noche descerrajarás este cajón y darás a cada cosa la dirección que

	te he indicado; pero las darás solo a las personas que he dicho, solo a ellas.
Williams	Sí, señor.
Sidney	¡Ah!, se me olvidaba ya el salvoconducto del letrado Overbury.

(Firma un papel y lo mete en su bolsillo.)

	Harás ensillar inmediatamente el mejor de mis caballos; te encargo sobre todo que se haga sin meter ruido; podrías despertar a mi madre.
Williams	Todas vuestras órdenes serán puntualmente ejecutadas.
Sidney	¡Ah!, dejarás también abierta la puerta grande, porque voy a salir.
Williams	¿Solo, señor?
Sidney	Solo.
Williams	De buena gana os pediría permiso para acompañaros. El señor conde conoce mi discreción, y acaso necesitará alguien...
Sidney	No, Williams; te agradezco tu celo. Estás conmovido. ¡Bah! ¿Es esta la primera vez que me ves salir a estas horas? Vaya, anda. ¡Pobre Williams!

(Desciñe su espada y la pone sobre la mesa.)

Escena II

Sydney

El baile continúa. Celebran la calda de Buckingham como celebrarían la mía. Allí está, pensando en mi tal vez, porque ahora ya no puedo dudar de su amor. La hora se acerca (Saca del gabinete unas pistolas y las pone sobre la mesa.) y he prometido a Chester irle a buscar a su casa. Allí estará Besford sin duda; por más que he hecho me ha sido imposible hacerle desistir. Ayer aun hubiera dado toda mi sangre por oír un sí..., ¿por qué razón no soy ya completamente feliz? ¡Ah!, existe entre ella y entre mí un obstáculo en que se estrellan a la vez todas mis esperanzas. Dice que me ama; pero pertenece toda a su marido. Sí; la ha comprado: su cuerpo es suyo, y su alma también. Sus encantos, su amor, todo se lo ha vendido a Besford su familia. ¡Una boda por razón de estado! Y ella quiere llevar al extremo ese vil contrato. ¡Delirio! ¡Ah! ¿Cumple nuestra vida jamás lo que una vez prometió? Entramos en el mundo henchidos de esperanza: nos arrojamos llenos de alegría hacia un porvenir risueño; pero cada día que pasa se borra una ilusión, huye un placer ilusorio, se presenta en su lugar una horrible realidad, y a los veinticinco años, en la flor de nuestra vida, nos hallamos solos, aislados, desengañados y abrasados por una sed devoradora de felicidad que no se ha de satisfacer jamás.

(Llaman suavemente a la puerta del fondo.)

¿Quién llama?

Escena III

Sidney, Overbury, asomando la cabeza.

Overbury   Soy yo, excelentísimo señor.

(Entra con una espada ceñida y dos pistolas en el cinto.)

Sidney   ¿Qué significa esto, sir Overbury?
(Señalando al reloj.) Son las cinco y cuarto, ya lo veis, y nuestra cita es a
                    las seis. ¿Dudáis por ventura de mi exactitud?

Overbury   No ignoro vuestra reputación, señor conde. Sé muy
                    bien que a las seis en punto os hubiera encontrado
                    en el sitio designado con la pistola o la espada en la
                    mano, dispuesto a escarmentar todas mis extrava-
                    gancias.

Sidney   En ese caso, ¿qué objeto tiene esta visita? Nos
                    faltan todavía tres cuartos de hora.

Overbury   Esa es precisamente la causa de mi venida.

Sidney   Explicaos.

Overbury   Transcurrido ese tiempo no podré consagraros ni un
                    segundo.

Sidney   ¿Por qué?

Overbury   Porque a las seis tengo otro asunto tan importante
                    como éste, al cual no me es posible dar cumpli-
                    miento en el mismo sitio, y no encuentro medio

alguno de estar a una misma hora en dos puntos distantes.

Sidney   ¿Cómo?, ¿otra cita?

Overbury   Precisamente.

Sidney   Tranquilizaos. Es probable que tengáis que faltar a la una o a la otra.

Overbury (Riéndose.) Tengo más confianza en mí que el señor conde, y por esto quisiera conciliarlo todo.

Sidney   (Con impaciencia.)
                Sir Overbury, haceos cargo de que yo he sido el que os he provocado; la otra persona esperará.

Overbury   No hubiera vacilado para proponérselo si me las hubiese con una simple mortal (ya veis que es una cita amorosa), pero precisamente es una divinidad del Olimpo: la he dirigido mis oraciones, he sido escuchado, y una diosa, por pequeña que sea, no es mujer que aguarde. Y ésta sobre todo: la blanca Diana que brillaba esta noche deliciosa en medio de un enjambre de ninfas...

Sidney   No os pregunto quién es.

Overbury   Me es indiferente: además de que mañana lo sabrá toda la corte.

Sidney   Lo sentiré por vos, sir Overbury; pero, ¿y si yo no quisiese variar la hora de nuestro desafío?

Overbury	Tendría paciencia, señor conde; pero confesadme que eso sería una crueldad. En igual caso yo no me negaría a prestaros este pequeño servicio.
Sidney	Enhorabuena. Vamos, pues.
Overbury	No esperaba yo menos de vuestra generosidad.
Sidney	(Dándole un papel.) Tomad vuestro salvoconducto.
Overbury	(Leyéndole.) Si vuestra excelencia tuviese la bondad de poner dos nombres. Porque, ¿quién sabe si mi diosa querrá endulzar el rigor de mi destierro?, y como es casada...
Sidney	Eso es cuenta vuestra.

(Señalando las pistolas y la espada de Overbury.)

	¿Son necesarios todos esos preparativos?
Overbury	Esto quiere decir que podéis elegir armas.
Sidney	Os cedo la elección.
Overbury	¡Oh!, a mí me es indiferente.
Sidney	Mejor; entonces a caballo.
Overbury	A caballo.
Sidney	Con espada y con pistola.

Overbury	Tengo ambas cosas.
Sidney	Hasta que quede uno de los dos en el campo.
Overbury	¿Eh?
Sidney	¿Este desafío os asombra, sir Overbury?
Overbury	No le propongo nunca, pero lo acepto siempre.
Sidney	Vamos.

Escena IV

Williams, Sidney, Overbury.

Williams	(Bajo a Sidney.) Una enmascarada quiere hablar indispensablemente a vuestra excelencia.
Sidney	¡Una señora!
Overbury	¿Señor conde?
Sidney	Un momento, sir Overbury.

Escena V

Dichos, la Duquesa.

(Trae un gran dominó de raso negro y la máscara puesta; al ver a Overbury hace ademán de salir.)

| Overbury | (Ocultando sus armas con su ropilla.) |
| | ¡Ah, señora! yo soy quien debo salir. |

(A Sidney, sonriéndose y a media voz.)

Sois más feliz que yo, señor conde; a mí me toca sacrificarme; es muy justo. No insisto: sed dichoso vos ahora, yo lo seré después.

Escena VI

Sidney, la Duquesa.

| Duquesa | (Arrojando su careta.) |
| | Soy yo. |

| Sidney | ¡Vos, señora! ¡Ah!, si esto es un sueño, no me despertéis jamás. No me robéis mi felicidad. |

| Duquesa | Insensato, ¿habláis de felicidad, y no veis la muerte delante de vuestros ojos?... Huid. Buckingham ha recobrado todo su favor. |

| Sidney | ¡Buckingham! Es imposible; he vuelto a ver a Su Majestad durante el baile, y el recibimiento que me ha hecho... |

| Duquesa | ¿Y no conocéis a Jacobo I? ¿Yo soy quien he de recordaros las causas que existen para hacer imposible una caída completa de Buckingham? ¿Creéis que le costaría tanto sacrificar a su antiguo privado la cabeza de un favorito de dos horas, con tal que tuviese el menor viso de justicia? ¿Imagináis por ventura que puede faltar un pretexto? |

Sidney	¡Oh!, eso sería una ingratitud.
Duquesa	Creedme. Al saber su desgracia, el canciller se ha hecho llevar a Windsor; ha esperado al rey en su gabinete. El rey le ha visto, le ha hablado, y ha cedido; ha temido sin duda.
Sidney	¡Buckingham! ¡Buckingham!
Duquesa	Este suceso es un misterio todavía; nadie lo sospecha en la corte: solo la reina ha podido saberlo en el acto. Me ha llamado aparte; todo me lo ha contado: he recorrido todas las salas, os he buscado, he preguntado por Chester, vuestro amigo, para que os avisase: a nadie he encontrado; los dos habíais desaparecido. No sabiendo entonces de quién fiarme, y temiendo dar con un enemigo vuestro, he cogido precipitadamente en el cuarto de la reina este dominó y esta careta, y lo he abandonado todo por salvaros.
Sidney	¡Oh, Isabel, sois un ángel! Pero nada tengo que temer. Mi ministerio de dos horas no ha hecho daño a nadie, y puede haber hecho mucho bien a alguna persona.
Duquesa	Sí; pero el canciller os acusa de traición contra el estado, y a sus instancias acaso os acusará también mañana el parlamento. Ha hecho creer al rey que estáis complicado en la conjuración que tiende a poner la corona de Inglaterra en la cabeza de Arabella Estuardo, su prima.

Sidney	Es una infame calumnia: tendrá que presentar pruebas.
Duquesa	¿Pruebas? ¿Creéis que no sabrá inventarlas? ¿Ignoráis su facundia? El rey lo ha creído, y en este caso no ha podido menos de obrar como rey justo. En fin, ¿no me habéis comprendido? Buckingham os acusa y pide vuestra cabeza. Y la obtendrá, vos lo sabéis mejor que nadie, la obtendrá si no la salváis.
Sidney	¡En buen hora! Que envié por ella.
Duquesa	¡Oh! ¿Qué decís? No será esta vuestra resolución, no; lo decís solo para atormentarme, porque yo soy quien os he precipitado en este abismo; vos no querríais dejarme este eterno remordimiento: ¿es verdad que no, Sidney? No; eso sería horroroso. Nunca he deseado el mal para vos. ¡Oh, Sidney, vos no habréis pensado bien lo que habéis dicho!
Sidney	¡Isabel!
Duquesa	No, no lo habéis pensado bien. Una carroza os aguarda abajo, y la reina ha despachado delante postillones para auxiliar vuestra fuga.
Sidney	(Mirando el reloj.) ¡Enhorabuena!, que parta el carruaje, y que me espere en la puerta de Market. Dentro de una hora le alcanzaré.
Duquesa	¡Dentro de una hora! ¿Y por qué esta dilación? Dentro de una hora ya no será tiempo. Va a ama-

necer, y al salir el Sol ya os habrán preso. Partid inmediatamente o sois perdido.

Besford   (Entre bastidores.)
           ¡Sidney! ¡eh! ¡Sidney!

(La Duquesa se detiene aterrada.)

           ¿Dónde diablos estáis?

Duquesa   ¡Mi esposo!

Sidney   ¡Besford! ¿Dónde os ocultaré? Allí, en el gabinete, en mi armería... Venid, no temáis nada.

(Coge del brazo a la Duquesa, que ha quedado inmóvil, acometida de un temblor convulsivo, y la empuja dentro del gabinete.)

Escena VII

Sidney, Besford.

Besford   Apostaría cualquier cosa a que está durmiendo... ¡Ah!, me he llevado chasco.

Sidney   Milord duque, me parece que no era el sitio designado...

Besford   ¿Para reunirnos, no es verdad? Cierto: perdonadme mi impaciencia: he querido probar mi exactitud. Me tenéis a vuestras órdenes; este es el día más feliz de mi vida, pues voy a emplear mi espada en servicio vuestro.

Sidney	Hablad más bajó, os lo ruego; más bajo.

(Besford le mira asombrado.)

La habitación de mi madre está inmediata, y pudiera oírnos.

Besford	(Bajando la voz.) Tenéis razón: ¡pobre condesa!, respetemos su sueño; todas las precauciones serán pocas. Lo mismo me sucede a mí con mi mujer; ¡si supierais cuánto trabajo me ha costado callarle todo este asunto! Felizmente me he salido del baile muy temprano y sin que ella lo echase de ver. Por otra parte, pasará regularmente toda la noche con la reina; es imposible que conciba la menor sospecha. ¡Qué noche tan deliciosa! Vos erais allí el héroe, señor conde; vuestro nombre andaba resonando de boca en boca; todos querían veros y felicitaros. Vuestro reinado ha empezado con una brillante función.

Sidney	Pronto pudiera acabarse.

Besford	¡No lo quiera Dios! ¡oh!, será largo, porque estáis muy querido, sois generalmente bien quisto, y vuestro poder no engendrará envidiosos.

Sidney	(Cuya impaciencia y turbación se aumentan por grados.) Perdonadme, mi lord; tengo todavía que tomar algunas disposiciones...

Besford	Sí, sí; os ruego que no os incomodéis por mí de ninguna manera; haced cuenta que no estoy aquí.

(Sidney, viendo que no se va, se sienta a la mesa y hace como que escribe; Besford se sienta. Momento de silencio.)

A propósito, ¿qué arma elegís?

Sidney   Si os parece nos batiremos a caballo con pistola y espada.

Besford   (Levantándose.)
De muy buena gana; eso es más animado y más divertido; es casi una carga de caballería.

(Llega a la mesa y examina las armas de Sidney.)

¡Lléveme el diablo!, esta es una espada de baile. El menor golpe de una mano medianamente ejercitada la hará pedazos; casi va a saltar entre mis manos. ¡Oh!, tenéis veinte mejores en vuestra armería.

(Se dirige hacia el gabinete.)

Sidney (Con viveza.)   Esta me acomoda más; es más ligera. Marchemos, os lo ruego; he concluido.

Besford   ¡Por mi alma!, no permitiré en manera alguna que os expongáis con una arma de esta especie. Es un deber mío el...

(Da un paso hacia el gabinete.)

Sidney   (Deteniéndole.)
Deteneos, mi lord duque; se pasa la hora; es preciso partir.

Besford	(Reparando en la careta que está en el suelo.) ¡Ah! Esto es otra cosa. ¡Diantre!, no había yo visto.
(Sonriéndose.)	Sí, sí, efectivamente; esta espada es muy buena... Además, Chester nos prestará otra; subiré al paso a su casa (recoge la careta con un bastón) y la escogeré.
(Se prueba la careta.)	Muy incómodo debíais estar aquí dentro; es muy pequeña.
(Examinándola.)	Me parece haberos visto antes, señora careta, bailando en la comparsa de la reina.

(Levantando la voz y mirando hacia el gabinete.)

¿No ibais con un vestido de color de violeta, con guarniciones de color de naranja?

(Sidney le hace una seña con la mano.)

Sí..., hablemos bajo, vuestra madre pudiera oírnos.

Sidney	Vamos, duque, vamos.
Besford	A la verdad, ¡soy el hombre más indiscreto y más torpe!..., ¡entrar a las cinco de la mañana en vuestra habitación sin anunciarme antes! ¡Qué enojado debéis de estar conmigo! Voy a esperaros en la puerta de la ciudad; Overbury será también exacto sin duda; de paso me reuniré con Chester, nuestro testigo.
(Volviendo.)	¡Ah!, dos palabras nada más. ¿Es esta la primera vez que viene aquí?
Sidney	¡Oh!, os lo juro por mi honor, la primera.

Besford	¡Santo Dios!, ¿qué he hecho yo?, no tengo disculpa. Os pido mil perdones, mil: me retiro; quedaos; no salgáis; quedaos aquí, señor conde.

Escena VIII

La Duquesa, Sidney.

Sidney	He creído que moríamos aquí los tres.

(Echa el cerrojo de la puerta del foro y corre hacia la del gabinete.)

Venid, Isabel, venid. ¿No me oís? ¡Isabel!

(La lleva a un sillón y la sienta.)

Volved en vos, nada tenéis ya que temer.

Duquesa	No, ya no tengo nada que temer, ¿no es verdad? ¡Ah!, otro golpe como éste y soy muerta. Ahora estoy salva ya, ¡salva enteramente! ¡Dios mío!

(Llora.)

Sidney	Por Dios, tranquilizaos.
Duquesa	Sí; es preciso que yo me marche al momento.
Sidney	¿Y podéis marcharos en el estado en que os veo? Esperad aún algunos minutos más.
Duquesa	¿Esperad decís? ¿Y si volviese? ¿Sabéis que no me volvería a esconder? No; no me escondería. No

le pondría yo mismo en ridículo segunda vez; no atraería el desprecio sobre su cabeza; mejor querría que me matase. ¡Besford!, ¡ese hombre tan noble, tan generoso, tan lleno de pundonor! Se chanceaba él mismo con su propia deshonra; se ha marchado riéndose delante de una mujer cuya presencia no ignoraba; ¡y esta mujer es la suya!, ¡esta mujer lo oía todo, y no ha muerto de vergüenza o de desesperación!

Sidney   ¡Isabel!

Duquesa   Todo lo he oído, ¡os lo repito!, el motivo de su visita, y el que le ha obligado a salirse.

Sidney   ¡Pues bien!, maldecidme a mí; yo soy quien os he deshonrado a vuestros propios ojos, y entretanto vos estabais pura y no habéis dejado de serlo; pero mi amor es fatal y lleva consigo donde quiera el dolor y los remordimientos. ¡Cuán desgraciado soy yo! Yo, que hubiera dado mi vida por ahorraros un sentimiento, y que os entrego a la desesperación; yo, por quien lo habéis arrostrado todo, y que no puedo dejaros siquiera el consuelo de haberme salvado.

Duquesa   ¿Y por qué me habéis de negar hasta ese dulce consuelo?

Sidney   ¿Estará en mi mano concedéroslo dentro de una hora?

Duquesa   (Levantándose.)

Tenéis razón; ese desafío, ese..., debéis asistir a él, y si os libráis de vuestro adversario no os libraréis del vulgo. ¿Pero qué os importa?, no dejáis muriendo ningún pesar, ninguna memoria...

Sidney   ¡Isabel! Basta, yo solo suplico: ved que bien he menester todo mi valor.

Duquesa   ¿Y yo no le necesito?

Sidney   (Mirando el reloj.)
            ¡Ah!, se ha pasado ya la hora.

Duquesa   (Deteniéndole.)
            Un instante todavía. ¡Dios mío! Un instante nada más.

Sidney   No, no; me es imposible: no me detengáis.

Duquesa   ¿Queréis, pues, morir?

Sidney   El cielo decidirá de mi suerte.

(Se arroja hacia la puerta.)

Duquesa   (Deteniéndole.)
            ¡Sidney!, ¡por vuestro amor, por el mío, por el mío, conde!...

Sidney   ¿Y seré yo digno de ese amor si me quedo aquí más tiempo?

Duquesa   Ya ha pasado la hora; vos lo acabáis de decir; ya ha pasado.

47

Sidney	Sí, y cada segundo que marca nuevamente aquel minutero se lleva consigo un pedazo de mi honor. Venid, salgamos.
Duquesa (Cogiendo el sillón.)	¡Salir! No; yo me quedo aquí. Aquí mismo, ¿lo oís? No penséis en llevarme; yo también quiero perderme, sí. Cuando vengan los emisarios de Buckingham a buscaros…, ¡mejor! Le podrán contar al canciller que han encontrado a la duquesa de Besford en la habitación del conde de Warwick. Idos, conde; marchad; ya no os detengo.
(Se sienta.)	
Sidney	¡Vos me hacéis temblar! Escuchadme, Isabel; bien lo sabéis; nosotros los hombres tenemos deberes que no podemos olvidar sin arrostrar el oprobio. Una cita de esta especie es sagrada; he insultado a mi adversario, y le debo dar una satisfacción, aunque el habérsela de dar me costará llevar mi cabeza a un cadalso.
Duquesa	(Levantándose.) No huiréis de vuestro adversario, huiréis del anatema de Buckingham. ¡Dios mío!, en los sucesos ordinarios de la vida nunca os obligaría yo a eludir un combate que el honor exige; gemiría en silencio: ¿pero ahora?, ahora es el cadalso, el cadalso, ¿me entendéis? Decidme cómo queréis que os hable. Decidme qué palabras podrán conmover vuestro corazón; decidme qué objetos os son más caros. ¿Mi amor? ¡Ah!, no: no puede nada con vos; no es eso… ¿Vuestra madre? Sí; vuestra madre, a quien

tanto amáis, que oirá su nombre mancillado, que morirá de dolor... ¿No? ¿Tampoco basta? ¡Ah!, ya no sé qué deciros yo; no lo sé, ni sé qué ruegos emplear; mi alma se cansa, y no me quedan fuerzas sino para llorar y para echarme a vuestros pies.

Sidney	Dejadme, por Dios, dejadme.
Duquesa	No lo esperéis, Enrique. No, conde, no.
Sidney	¡Ah!, ¿vos no querríais deshonrarme?...
Duquesa	(Levantándose.) ¿Y si me deshonrase yo contigo?
Sidney	¡Isabel!
Duquesa	¿Y si participase yo contigo de tu oprobio?, ¿si partiese yo también?
Sidney	Calla, Isabel; ¡calla por piedad!
Duquesa	Partamos, sí; partamos al instante. Ya nada me detiene. Dentro de algunas horas estaremos lejos de Inglaterra, lejos de Buckingham, y lejos en fin de todos. Estaremos solos en el mundo nosotros dos. ¿Comprendes bien toda nuestra felicidad? ¡Oh, una vida entera llena toda de amor y de ventura, el paraíso en la tierra! Partamos.
Sidney	¡Desdichado!, soy perdido si te escucho.
Duquesa	No puedes negármelo, no; no puedes negármelo, ¿lo ves? ¿Y qué es tu sacrificio comparado con el mío?

Yo no tendré disculpa; yo abandono a un esposo que me ama, yo atropello todos mis deberes...

(Sidney la estrecha contra su corazón.)

¡Oh!, sí, Enrique, sí; rodéame con tus brazos, ocúltame a las miradas de todos, porque estoy envilecida, porque estoy infamada.

Sidney   No hables así, Isabel, tú que todo me lo sacrificas, tú que eres mía de aquí en adelante.

Duquesa   Sí, tuya, toda tuya, enteramente tuya.

Sidney   ¿Y qué nos importa el mundo ahora? Ya es mía para toda la vida.

(La estrecha a su pecho y la llena de besos las manos y la frente. Se oye ruido. Dan golpes a la puerta.)

Duquesa   (Con el mayor espanto.)
¡Ah!, son los soldados de Buckingham que vienen a prenderte.

Sidney   No me prenderán vivo.

Chester   (De afuera.)
¡Sidney! ¡Sidney!, abre.

Sidney   Es la voz de Chester.

Chester   (Sacudiendo la puerta violentamente.)
Abre, ¡por San Jorge!

(La puerta cede y entra. La Duquesa se cubre el rostro con entrambas manos.)

¿Has perdido el juicio? Besford acaba de partir para batirse en tu lugar.

Sidney   ¡Maldición sobre mí!

(Se arroja sobre sus armas.)

¡Y yo entretanto le deshonraba!

(Arrastra consigo a Chester; la Duquesa cae desmayada en un sitial.)

Acto III

Salón del piso bajo de la casa de Besford. A la derecha y en primer término una puerta, y en segundo término un reloj. Otra puerta a la izquierda que conduce a las habitaciones de La Duquesa; otra en el foro, al lado de unas grandes vidrieras que dan al patio de la casa. A la izquierda una mesa entre dos grandes sillones.

Escena I

Burker, en pie detrás de la mesa; Besford, sentado en un sillón; dos criados detrás de él; la Duquesa, sentada en el fondo al otro lado del teatro.

Besford   (Con el brazo vendado, a Burker.)
                   Me ha faltado un pie, me he resbalado, y Overbury ha vencido; (a media voz) pero decidle que nos volveremos a ver.

Burker   (Dejando dos pistolas sobre la mesa.)
                   Corro a decirle inmediatamente que por dicha vuestra herida no ha sido de peligro.

Besford   (A los criados.)
                   Gracias, amigos míos, gracias; ya no os necesito: idos.

Escena II

Besford, la Duquesa.

Besford   (A la Duquesa, que ha permanecido inmóvil con la cabeza sostenida en las manos.)
                   ¡Isabel!, perdonadme que os haya hecho un misterio de todo esto. Jamás hubierais sabido una palabra a

no ser por esta maldita herida. ¿Aun estáis enojada conmigo? Ya veo que será preciso pediros seriamente mi perdón.

Duquesa	(Levantándose y llegando a él.) ¡Milord!
Besford	¡Querida mía!, no es más que un arañazo, nada más. Ni sé cómo he podido ponerme tan malo por tan poca cosa; apenas siento ahora mi herida. Ya veis que no me impide estrecharos en mis brazos. ¿Os apartáis? Cierto que es mucha crueldad ahora que ya os he confesado mis yerros. Si ha habido algún riesgo, ya estoy fuera de él, y hoy no tengo que temer sentencia alguna.
Duquesa	¡Ah!, no; el rey firmó vuestro perdón. Hoy ya no sería tiempo de pedirle.
Besford	¿Pues cómo?
Duquesa	Buckingham se ha vuelto a apoderar del poder.
Besford	¿Quién os lo ha dicho?
Duquesa	La reina.
Besford	¡Otra vez desvanecidas nuestras esperanzas!... Pero..., entonces el pobre Sidney es perdido; apenas tiene tiempo para escaparse y librarse de las pesquisas de Buckingham.
(Se levanta.)	Es preciso enviar un criado a su casa; que lo busquen donde quiera que esté: si llega a poner los pies en su casa de Windsor es hombre muerto.

Voces en el patio	¡Eh!, paradle..., deteneos...
Besford	(Acercándose a la vidriera.) ¿Qué ruido es ese? Un caballo acaba de dejarse caer en el patio; está cubierto de polvo y de espuma..., no veo su jinete.

Escena III

Besford; Sidney, cubierto de polvo, en el mayor desorden, arrojándose dentro de la habitación; la Duquesa.

Sidney (A Besford.)	¡Ya era tarde! ¡Ah, Besford, Besford, si me hubieras esperado!
Besford	(Alargándole la mano.) ¿Qué queréis?, para hacer tiempo...

(A Sidney, que repara en su brazo.)

No es nada.

Sidney	Overbury ha pagado cara esa herida.
Besford	¿Le habéis muerto?
Sidney	No, pero tendrá que hacer cama algunos meses.
Besford	¡Ah, pobre togado!, mucho lo siento: le estimo, le quiero. Mas pensemos en vos. ¡Cuán dichoso soy volviéndoos a ver, amigo mío! Temía que hubieseis vuelto a vuestra casa; ignoráis sin duda cuanto pasa.

Sidney	No, acabo de saberlo en este momento.
Besford	¿Y qué? Ya no estáis seguro en Inglaterra; vais a partir. Os salvaremos, a lo menos así lo espero: esperadme algunos minutos.
Sidney	¿Qué hacéis, mi lord? ¿Y vuestra herida?
Besford	¡Eh!, bagatela. En este momento no pienso más que en vos. Os dejo con la duquesa.
Duquesa	Milord, permitidme que me retire: ¡estoy tan mala!
Besford	Esperad un momento siquiera; haced compañía al conde, os lo ruego: un instante no más. ¡Por mí!

Escena IV

Sidney, la Duquesa.

Duquesa	(Después de un largo silencio.) ¡Qué tormento, Dios mío!
Sidney	(Sin mirar a la Duquesa y con la mayor reserva.) ¡Cuánto he temblado por vos, miladi! ¿Pudisteis salir sin ser vista?
Duquesa	(Del mismo modo.) Sí, conde, sí.
Sidney	(Después de otra pausa.) ¡Cuánto he sufrido en estas dos horas!
Duquesa	(Casi fuera de sí.)

¡Y yo, Dios mío, y yo!

Sidney	Si hubiera sido más peligrosa la herida de Besford, no me hubierais vuelto a ver jamás.
Duquesa	Lo creo, señor conde.
Sidney	Perdonadme si he venido hasta aquí para informarme de la verdad. Ahora que ya no corre riesgo alguno, que yo no tiemblo por nadie, me alejo sin quejarme, sin vacilar, y solo me llevo conmigo la memoria de este momento.

Escena V

Sidney, un Criado, la Duquesa.

Criado	Un hombre que no quiere decir quién es desea hablar a mi señora la duquesa.
Duquesa	(Con viveza.) Que entre.
Sidney	Me retiro. Adiós, miladi.

Escena VI

Sidney, Williams, la Duquesa.

| Sidney | Williams, ¿eres tú? |
| Williams | ¿Vos aquí, señor conde? A lo menos podéis salvaros todavía. ¿Lo sabíais, pues, todo? |

Sidney	Sí; pero a mí es a quien debes entregar ya el depósito que te he confiado. Perdonad, miladi; es una carta inútil ya en este momento. Dámela.
Williams	No está ya en mi poder, señor conde.
Sidney	¿Qué dices?
Williams	Precisamente os suponía yo informado de esto. Una hora hace que una compañía de arcabuceros ha invadido vuestra casa. Os han buscado por todas partes. Han cogido todos vuestros papeles, todos; ahora paran en manos del lord canciller. Ni uno solo he podido salvar. Solo venía aquí a saber vuestro paradero.
Sidney	¡Todo se concluyó! En vano he pugnado por eludir mi destino.
Williams	Pero, señor conde...
Sidney	Déjame, sal; marcha te digo.

Escena VII

Sidney, la Duquesa	(El reloj marca las siete.)
Duquesa	Conde, ¿qué carta es esa de que habláis?
Sidney	(Desesperado.) ¿Esa carta? La escribí esta mañana antes de ir a ese desafío; era para vos.
Duquesa	¿Para mí? ¿Y qué decía? ¡Dios mío!

Sidney	Hablaba de mi amor, del vuestro; contenía confesiones que pueden perderos.
Duquesa	¿Qué decís?
Sidney	Todo está en poder del canciller, y dentro de poco estará en poder de tu marido.
Duquesa	¡Ah!, me matará, sí: yo tiemblo, tiemblo...
Sidney	Silencio, o eres perdida. Escucha, solo un partido te queda: huir.
Duquesa	Sí. ¿Cómo?
Sidney	Juntos.
Duquesa	Jamás, mi lord.
Sidney	Prepárate, pues, a morir aquí; pero conmigo.
Duquesa	¡Ah!, me estremecéis.
Sidney	¿Imaginas que yo consentiré en salvar mi vida mientras que esté la tuya en peligro? ¿Prefieres la muerte?... Bien, con un solo golpe nos herirá a los tres.
Duquesa	¡Ah, Sidney, me habéis perdido!
Sidney	¡Isabel!, no gritos, no quejas hemos menester ahora. Óyeme. Yo voy a salir de aquí. Te esperaré en la puerta inmediata de la ciudad; una hora te basta

para alcanzarme; no te faltará un pretexto. No es ya mi amor quien te habla, ni exijo por él tu fuga. No; tu tío el marqués de Hamilton es gobernador de Portsmouth; te dejaré en sus brazos; él te protegerá, y yo, yo respetaré tu dolor, yo te daré el último adiós.

Duquesa   Sí, yo imploraré su amparo, pero sola.

Sidney   ¿Te atreverás? ¿Será tiempo ya? No; yo soy quien debe llevarte.

Duquesa   ¿Vos, Sidney? ¡Ah!, ¿no soy yo ya bastante culpable?

(Se oyen los pasos de Besford.)

Sidney   Una palabra más y somos perdidos.

Escena VIII

La Duquesa, Sidney, Besford, y después un Criado.

Besford   Venid, amigo mío; todo está pronto.

(Señalando la puerta de la derecha.)

Este gabinete conduce por una escalera secreta al jardín de la casa, que está inmediato a la puerta de la ciudad. Un caballo os espera: dentro de algunos minutos estáis fuera de Londres.

Sidney   Permitidme que os tribute un millón de gracias, mi lord.

Besford	El canciller espera sin duda sorprenderos en Windsor, o en vuestra casa: mientras que sus esbirros os buscan por acá, estáis ya fuera de peligro.
Un criado	(Desde el foro.) La reina envía a llamar a mi señora la duquesa.
Besford (El criado sale.)	Está bien. Estará acaso con cuidado por cuanto pasa: teme que os prendan. Partid, los momentos son preciosos.

(Va a abrir la puerta del gabinete.)

Sidney	(Al oído a la Duquesa.) Tomad ese pretexto. Alcanzadme en la puerta. Sino, vengo a buscaros dentro de una hora.
Besford	Vamos, amigo mío.
Sidney	(Saludando a la Duquesa.) Adiós, miladi.
(Bajo.)	Dentro de una hora, o vuelvo aquí a entregarme.
Besford	Venid.

(Sale acompañando a Sidney.)

Escena IX

La Duquesa	Por fin ya estoy sola. Puedo llorar libremente. ¡Tan feliz ayer! ¡Y hoy envilecida! ¿Cómo me atreveré a levantar los ojos delante de un hombre a quien se lo debo todo, a quien he engañado, y que dentro de poco me pedirá cuentas acaso de su honor que me

había confiado? Paréceme a cada punto que oigo salir de sus labios esta terrible palabra: « ¡Infame! ¡Infame!». Este nombre me persigue: aquí está..., resonando siempre en mis oídos; yo le oigo de continuo. ¡Oh, cuán terrible será pronunciado por él mismo! La venganza irá en pos de él. Y entonces será menester sangre... Dios mío, a vos encomiendo mi alma cuando lo sepa todo. Yo tiemblo; ya a cada instante puede descubrirse la verdad. ¡Ah, qué horroroso suplicio!

Escena X

La Duquesa, Besford.

Besford   Partió. Yo le he visto alejarse. Dentro de pocas horas estará lejos de nosotros, y en el camino que lleva no le será difícil encontrar un asilo entre sus numerosos amigos.

(Se sienta en el sillón que hay en el fondo a la derecha.)

                 Cuando el canciller sepa su fuga se dará a todos los diablos. ¡Oh!, a lo menos por esta vez os hemos ahorrado, señor canciller, el trabajo de erigir otro cadalso: vuestra presa se os escapa.

(Mirando el reloj.)   Al paso que llevaba ya debe haber salido de Londres; ya debe estar en campo raso. ¡Por San Jorge, que le vayan enviando esbirros! Lleva un buen caballo.

(Levantándose.)   Ya estoy contento. Aunque hubiera sido mi mayor enemigo, hubiera hecho otro tanto; delante de la desgracia expira la venganza... ¿Qué tenéis? ¡Qué pálida estáis!

Duquesa	¿Yo, mi lord? El cansancio del baile; las sensaciones contrarias de este día...
Besford	Sí, verdad es; perdonadme. Pero parece que vuestra indisposición se aumenta; temo que no tengáis fuerzas para ir a palacio.
Duquesa	A palacio; sí..., la reina me ha llamado.
Besford	Estoy seguro de que está deseando veros y preguntaros. Su causa era la de Sidney, y la inquietud que experimenta es muy natural. Desearía muy de veras que vuestra presencia la tranquilizase.
Duquesa (Alto.)	(No puedo sufrir más.) Permitidme, mi lord, que en este momento...

Escena XI

La Duquesa; un Criado, en el fondo; Besford.

Criado	El capitán de las guardias de su excelencia.
Duquesa	(¡Ah! ¡Es mi muerte!)
Besford	Ya era tiempo. Sosegaos; ya no hay riesgo. Que entre.

(El Criado sale.)

Duquesa	(¡Soy perdida, perdida!)

(Toca la campanilla; un Criado se presenta por la izquierda.)

Besford	¿Qué es?
Duquesa	(Turbada.) ¿No me habéis dicho que la reina me esperaba, y que debía ir a palacio? Pues bien, mi lord, voy a ir, voy.
Besford	(Mirándola.) Cierto; os lo he suplicado...
Duquesa (Al Criado.)	Por eso, ya veis... que... me apresuro... ¿Está pronto mi carruaje?
Criado	Está a las órdenes de la señora duquesa.
Duquesa	Ya bajo.
Besford	(Clavando los ojos en ella.) Parecía que estabais tan poco dispuesta a salir...
Duquesa	(Con timidez.) Me quedaré si me lo mandáis.
Besford	(Después de una pausa.) No, no; partid.

(Sale por un lado. Besford la sigue con la vista largo rato.)

Escena XII

Besford, Dryden.

Dryden	Su excelencia me envía, mi lord duque, para tranquilizaros acerca de los sucesos de ayer. El rey había firmado vuestro perdón, y acaba de confirmarlo.
Besford	Esta es una visita que debe sorprenderme; el lord canciller no me ha acostumbrado a todas estas atenciones.
Dryden	Tengo el encargo de prometeros por su parte un completo olvido de lo pasado; y se atreve a contar al mismo tiempo con la generosidad del señor duque.
Besford	¡Pardiez, sir Dryden, el canciller no emplearía más galanterías para ganarse el ánimo de una mujer bonita!
Dryden	Esas galanterías pueden probaros, mi lord, en cuánto precia su excelencia vuestra amistad. Bien sabe que erais enteramente adicto al conde de Warwick; pero os conoce demasiado para sospechar siquiera que hayáis podido tener parte en sus pérfidos proyectos.
Besford	¡Oh! A mis ojos no es tan criminal. Pero hablemos sin rebozo, sir Dryden; el canciller me halaga, me brinda con una reconciliación: no ha podido dar sin duda con el asilo del conde, y cree que yo se le descubriré. Pues bien, sir Dryden, decidle de mi parte que ignoro cuál sea su asilo, y, si cree que está aquí, añadidle que os he dado facultades para que le busquéis por todas partes.
Dryden	Vuestra palabra basta, mi lord. No me falta más que entregaros este paquete que se ha encontrado en casa del conde. Su excelencia dice que no interesán-

dole al estado esos papeles, deben seros devueltos a vos o a la duquesa.

Besford   ¿Con qué objeto? ¿Y por qué razón? En casa del conde no podía existir ningún papel que tenga relación alguna con nosotros.

Dryden   Solo su excelencia ha abierto ese paquete. Yo no hago más que repetir sus palabras. Tomaos la molestia de leer, mi lord; yo esperaré.

(Sale.)

Besford   (Abriendo la carta)
                       Yo..., en verdad..., no comprendo este misterio.

(Lee.)   «Viernes a las cuatro de la madrugada. Por fin, me amáis y yo lo sé. Salió por fin de vuestros labios ese sí que tanto tiempo he deseado, y que no me atrevía a esperar. ¡Ah!, envidie, envidie mi fortuna el que no posee más que vuestra mano: yo poseo más; yo soy amado.»

(Pausa.)   «¿Os volveré a ver? Oh, sí; soy demasiado feliz para morir ahora.»

(Interrumpiéndose.) ¿Y qué?, esta carta..., ¿qué interés puede tener para mí? Ignoro completamente...

(Prosiguiendo.) «He aquí vuestro retrato; no hace mucho que adornaba todavía vuestro brazalete; le habéis desprendido para dármele.»

(Pausa.)   «¿Habré de separarme tan pronto de él? No: no será preciso devolvérosle; le encontraré aquí a mi vuelta, y podré llenarle de besos, como lo hago en este instante. Hasta mañana, pues, hasta mañana: lo espero.» Y luego..., aquí..., el retrato...

(Abre la caja.) ¡El suyo! ¡Ah!

(Cae abrumado en un sillón.)

> ¡Es el suyo! ¡Ella!..., ¡era ella!..., ¡esta noche!... ¡Oh!..., ¡quién me diera matarla! ¡Vamos!..., esta carta, este retrato..., aquí...

(Lo pone en su bolsillo.)

> ¿Quejas?..., ¿lágrimas? No; ¡sangre, sangre!

(Se levanta y se pasea con la mayor agitación.)

> ¡Y estaba allí ella!, ¡me oía! ¡Cielos!, ¡esto es increíble! ¡Vergüenza, oprobio sobre mí que les servía de juguete y que no los asesiné!

(Viendo a Dryden, que ha vuelto a entrar por el foro.)

> ¿Qué aguardáis?

Dryden   Una respuesta, mi lord.

Besford   ¿Y qué respuesta? No está aquí; ya os lo he dicho: no está.

(Para sí.)   ¡Solo es a ella a quien tengo entre mis manos! ¡Solo a ella!

(Después de un momento que recapacita.)

> ¡Acaba de salir!..., ¡qué sospecha!... Su prisa, su turbación... ¡Santo Dios!.. Con él..., era con él..., ¡él la esperaba!

(Corre hacia la vidriera que da al patio: la duquesa aparece en el fondo en aquel mismo instante.)

Escena XIII

Besford, la Duquesa, Dryden.

Duquesa (A Dryden.) ¿Se me impide la salida de orden vuestra, caballero?

Dryden	Perdonadme, miladi; he debido ceñirme a mis instrucciones; no os hallabais expresamente exceptuada en esta medida general; nadie debía salir. Ahora que he desempeñado mi comisión, me apresuro a dejaros en libertad.
Duquesa	Yo sabré quejarme a la reina, sir Dryden. Es imposible que esa prohibición se entendiese con una mujer. El canciller abusa de su autoridad.

(Da un paso para salir, pero Besford la detiene con una seña.)

Besford	(Sin apartar la vista de la Duquesa.) En efecto, eso es llevar al extremo las precauciones.
(A Dryden.)	Tened la bondad de llevar mi respuesta a su excelencia, y aseguradle que el conde de Warwick no está escondido en mi casa. Si su prisión importa al bien del estado, pueden perseguirle por todos los caminos.
Duquesa (Bajo.)	¿Cómo, mi lord...?
Besford (Ídem.)	Os olvidáis de que les lleva media hora de ventaja.
Duquesa	¡Media hora!..., ¡ya!!

Besford	Y, por otra parte, eso es cuenta del canciller.
Dryden (Saludando.)	Vuestras palabras, mi lord, serán fielmente repetidas a su excelencia.

Escena XIV

La Duquesa, Besford. Están junto a la mesa.

Besford	Soy más feliz de lo que pensaba. Os creía ya lejos de aquí, miladi.
Duquesa	Sí, la reina me espera.
Besford	La reina esperará. Precisamente podéis darle una excelente disculpa, no me había a mí ocurrido; esta misma herida que he recibido por el conde de Warwick... Su Majestad no podrá extrañar que os hayáis quedado conmigo. Luego..., os aseguro que estoy triste..., padezco mucho; necesito alguna persona a mi lado, pero que me ame, (desprendiendo los adornos de la Duquesa y arrojándolos en un sillón) y vos misma no querríais probablemente dejarme solo en este estado.
(Llama.)	Os conozco; vuestro corazón se rebelaría contra semejante acción.
(Al Criado.)	Que desenganchen los caballos; la señora no sale ya.

(El Criado sale; Besford se sienta.)

¡Ah!, gran necesidad tenía de veros; ahora estoy más contento; sentaos aquí..., sentaos; sino, me obligaréis a estar en pie, y me fatigo mucho.

(La hace sentar.)	Ya miráis el reloj, contempláis con pena el tiempo que habéis de pasar aquí.
Duquesa	¡Ah, mi lord!
Besford	Estáis conmigo como estaríais con un marido caviloso y celoso que tome por diversión el oponerse a vuestros placeres. Sin embargo, ¿habéis podido hacerme nunca semejante reconvención? ¿No os he dado siempre la mayor libertad?
Duquesa	Milord, ¿por qué me habláis en esos términos?
Besford	(Apoyándose en la mesa.) La confianza que en vos he tenido ha sido siempre tan grande, y la he manifestado de una manera tan clara, que en el día sería en vos menos crueldad matarme que engañarme. ¿Qué es en verdad la muerte al lado del desprecio? He aquí, sin embargo, todo lo que podría esperar yo, si fuese engañado..., el desprecio; he aquí el premio que han conseguido otros en pago de sus atenciones. ¡Oh, cómo no previene y evita esta idea el adulterio! Hay en eso motivo suficiente para contener a la mujer más impudente. ¡Entregar al ludibrio de los demás a un hombre cuyo apellido lleváis, y que os ha prodigado veneración y amor! ¿Creéis por ventura que después de todo eso basta con decirle matadme y todo se acabó? No; su venganza le satisface solo a él; pero, ¿y ese oprobio con que habéis marcado su nombre?, ese oprobio..., subsiste siempre allí, siempre, y toda vuestra sangre no bastaría para borrarle.
Duquesa	Me asustas, mi lord.

Besford	¿Y por qué?, yo creo en vuestra virtud y en el respeto que profesáis a vuestros deberes, así como creo en la amistad.
Duquesa	¡Milord!, ¡sangre!, ¿no lo veis? Corre sangre de vuestra herida.
Besford	¡Ah!, con más abundancia corría esta mañana cuando me batía por él, cuando le sacrificaba mi existencia. ¡Si hubierais visto vos con cuánto placer hacía yo ese sacrificio! ¡Oh!, eso os hubiera conmovido acaso, porque yo era noble y grande en todo, os lo juro, y creo todos los corazones tan puros como el mío.
Duquesa	¡Infelice!
Besford	¿Podrá pagarme jamás lo que hice por él? ¿Y me lo podrá pagar ahora, ahora que no está aquí?
(Dan las ocho.)	
Duquesa	(Volviéndose hacia el gabinete con un movimiento de espanto.) ¡Ah!
Besford	(Abalanzándose al gabinete.) ¿Cómo? ¿En ese gabinete? ¡Nadie!, os habíais equivocado, no hay nadie.

(Vuelve a sentarse, y desde este punto no se apartan sus ojos de la puerta del gabinete.)

Bien os decía yo: ¡contáis los minutos a mi lado! Verdad es que hay ocasiones en que cada minuto arrebata consigo una esperanza y nos trae un temor; la misma hora mide para uno la alegría, y para otro el terror y el remordimiento. Vuestro rostro empalidece a medida que el mío se anima. Estoy contento ahora, yo que hace poco estaba tan triste y tan atormentado, porque me habéis reservado una especie de felicidad..., y esta felicidad yo la gozaré completamente. Paréceme un delirio, una alegría celestial, superior a las fuerzas del hombre. ¿Vos no lo comprendéis?

(Asiéndola del brazo y sacudiéndola violentamente.)

¡Responded, Isabel, responded! No decís una palabra ahora.

Duquesa   Yo fallezco, mi lord, ¿no lo veis?, yo fallezco.

Besford   (Levantándose al mismo tiempo que cae la Duquesa a sus pies.)
No nos soltemos las manos; clavemos nuestros ojos sobre la misma puerta, porque entrambos esperamos.

Duquesa   ¡Piedad!, ¡piedad!

Besford   (Señalando a la puerta y volviéndose a sentar.)
¡Por ahí, por ahí debe venir! Nadie llega todavía. ¿No os parece, como a mí, que a cada instante le vamos a ver? ¿No se os figura al menor ruido que vuestro corazón va a hacerse pedazos para salir de vuestro pecho? Si esto hubiese de durar mucho moriríamos

aquí los dos. Pero..., acaso no nos falte más que un minuto ya. ¿Quién sabe? Tal vez un segundo..., un segundo.

(Se abre la puerta y aparece Sidney.)

¡Ah!, ¡él es!

(Besford se arroja sobre sus pistolas. La Duquesa permanece de rodillas casi inmóvil.)

Escena XV

La Duquesa, Besford, Sidney, después un criado.

Besford	¿Qué os trae aquí de nuevo, señor conde?
Sidney	Nada. El hastío de la vida, el deseo de librarme de ella.
Besford	Sin duda no lo habéis meditado bastante..., la muerte os espera aquí, y ya os será imposible evitarla.

(Un criado se precipita a la puerta del foro.)

Criado	¡Señor duque!, la casa está rodeada.
Besford	(Sentándose.) Ya lo veis, conde; ya es tiempo que encomendéis vuestra alma a Dios.
Sidney	Voy a llevarles mi cabeza.
Besford	(Lanzándose a él.)

¡No a ellos!

Criado   Ya entran, señor; ya están aquí.

Besford   Detenedlos un instante.

(El Criado sale. A Sidney, señalándole el gabinete y poniéndole una pistola en la mano.)

Nosotros, por aquí. Tomad, conde.

Sidney   No, dejadme.

Besford   (Asiéndole de la garganta.)
Por allí os digo. ¡Oh!, ¡no os escaparéis!

(Le arrastra hacia el gabinete. A la Duquesa, que se ha arrojado a sus plantas, rechazándola.)

Rezad por su alma, miladi.

Duquesa   ¡Ah!, ¡mi lord!

(Se oye cerrar la puerta por dentro.)

¡Por piedad!, ¡por piedad!, ¡matadme a mí también!

(Se esfuerza a abrir la puerta con sus uñas.)

Nada; no hay nada con que abrir esta puerta... ¡Oh desesperación!... La abriré, la abriré.

(Se oyen gritos afuera de: ¡Aquí está!)

La llave, la tengo... sí...

Escena XVI

La Duquesa, Dryden; soldados, criados, que entran confusamente.

Soldados   ¡Aquí está!

Dryden   Sacadle.

(Se oyen dos pistoletazos en el gabinete.)

                  De ahí han salido los tiros. Por más que se defienda,
                  no se nos puede escapar. ¡Conmigo todos!

Escena XVII

La Duquesa, Dryden; Besford, saliendo del gabinete; soldados, criados.

Besford   ¿Qué queréis?

Dryden   (Con energía.)
                  El conde de Warwick.

Besford   (Con frialdad.)
                  Se acaba de matar por librarse de vos.

(Dryden y dos soldados entran en el gabinete; los demás se dirigen hacia
aquel lado, así como los criados. Al mismo tiempo que están clavadas en la
puerta las miradas de todos, Besford se acerca a la Duquesa.)

Duquesa   (Viendo la sangre de que está salpicado Besford y
                  cayendo a sus pies.)
                  ¡Ah, mi lord!

Besford   (Arrojándole la carta y el retrato.)
                 Para vos los remordimientos y una eterna separa-
                 ción.

(Dryden y los soldados salen del gabinete. Cuadro final. Cae el telón.)

                 Fin del drama

Libros a la carta

A la carta es un servicio especializado para
empresas,
librerías,
bibliotecas,
editoriales
y centros de enseñanza;
y permite confeccionar libros que, por su formato y concepción, sirven a los propósitos más específicos de estas instituciones.

Las empresas nos encargan ediciones personalizadas para marketing editorial o para regalos institucionales. Y los interesados solicitan, a título personal, ediciones antiguas, o no disponibles en el mercado; y las acompañan con notas y comentarios críticos.

Las ediciones tienen como apoyo un libro de estilo con todo tipo de referencias sobre los criterios de tratamiento tipográfico aplicados a nuestros libros que puede ser consultado en Linkgua-ediciones.com.

Linkgua edita por encargo diferentes versiones de una misma obra con distintos tratamientos ortotipográficos (actualizaciones de carácter divulgativo de un clásico, o versiones estrictamente fieles a la edición original de referencia).

Este servicio de ediciones a la carta le permitirá, si usted se dedica a la enseñanza, tener una forma de hacer pública su interpretación de un texto y, sobre una versión digitalizada «base», usted podrá introducir interpretaciones del texto fuente. Es un tópico que los profesores denuncien en clase los desmanes de una edición, o vayan comentando errores de interpretación de un texto y esta es una solución útil a esa necesidad del mundo académico.

Asimismo publicamos de manera sistemática, en un mismo catálogo, tesis doctorales y actas de congresos académicos, que son distribuidas a través de nuestra Web.

El servicio de «libros a la carta» funciona de dos formas.

1. Tenemos un fondo de libros digitalizados que usted puede personalizar en tiradas de al menos cinco ejemplares. Estas personalizaciones pueden ser de todo tipo: añadir notas de clase para uso de un grupo de estu-

diantes, introducir logos corporativos para uso con fines de marketing empresarial, etc. etc.

2. Buscamos libros descatalogados de otras editoriales y los reeditamos en tiradas cortas a petición de un cliente.

www.ingramcontent.com/pod-product-compliance
Lightning Source LLC
Chambersburg PA
CBHW032051040426
42449CB00007B/1066